L'INAUGURATION

DE LA

STATUE DE LASALLE

A LUNÉVILLE — 29 OCTOBRE 1893

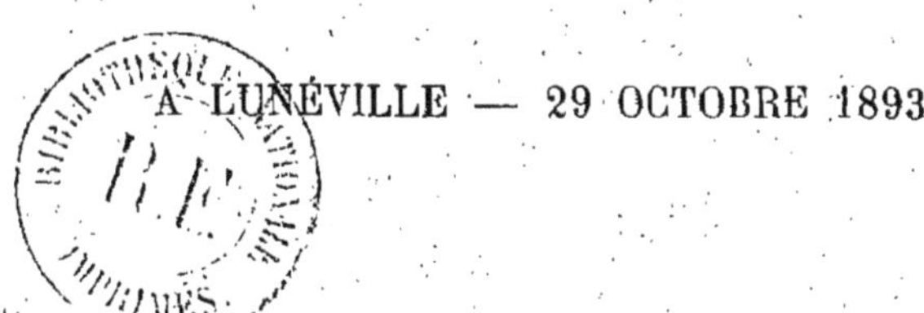

LIBRAIRIE MILITAIRE BERGER-LEVRAULT ET Cie

Éditeurs de la « Revue de cavalerie »

PARIS | NANCY
5, RUE DES BEAUX-ARTS | 18, RUE DES GLACIS

1894

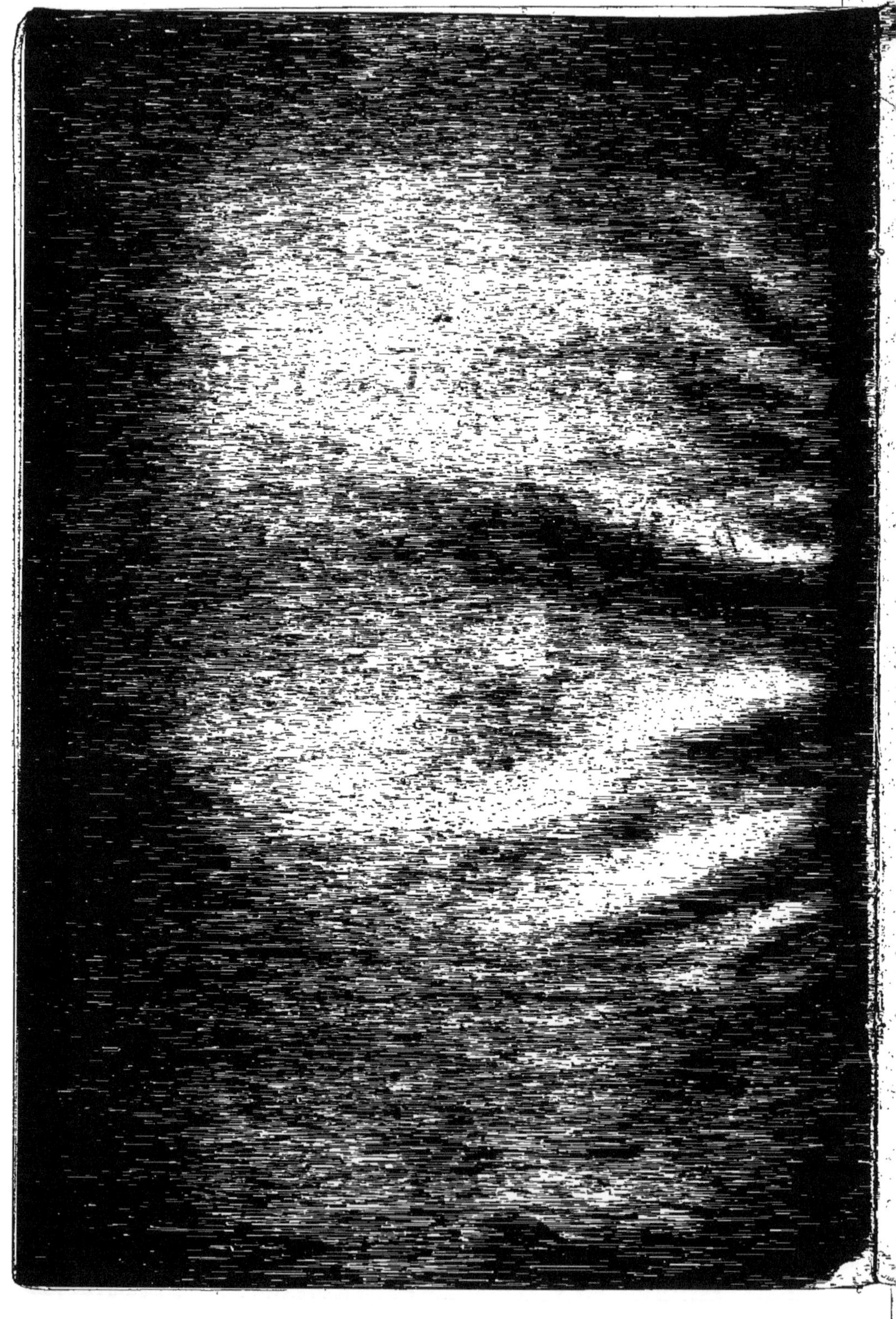

L'INAUGURATION

DE LA

STATUE DE LASALLE

A LUNÉVILLE — 29 OCTOBRE 1893

LIBRAIRIE MILITAIRE BERGER-LEVRAULT ET Cⁱᵉ

Éditeurs de la « Revue de cavalerie »

PARIS | NANCY
5, RUE DES BEAUX-ARTS | 18, RUE DES GLACIS

1894

L'INAUGURATION

DE LA

STATUE DE LASALLE

A LUNÉVILLE — 29 OCTOBRE 1893

Il y a tantôt huit ans que, dans la *Revue de cavalerie*, le regretté général Thoumas terminait sa belle notice sur Lasalle en émettant le vœu que la statue du grand cavalier se dressât quelque jour sur une place publique, dans une de nos villes de la frontière, « puisque Metz, sa ville natale, n'est plus française que par le souvenir et par l'espérance ».

Ce désir est aujourd'hui réalisé, et la statue équestre de Lasalle, due au statuaire Cordier, orne à présent la cour du château, à Lunéville, la « première garnison de cavalerie de France ».

Comment s'est formé, à la suite de la translation de Vienne à l'Hôtel des Invalides des cendres de l'illustre général, le comité chargé de recueillir les souscriptions pour l'érection d'un monument digne de lui, et comment il a promptement mené à bien l'œuvre qu'il avait entreprise, c'est ce que nous n'avons nul besoin de rappeler aux lecteurs de la *Revue*, qui a publié en son temps l'appel du comité à l'armée, en général, et à la cavalerie en particulier, et qui n'a plus qu'à remercier ceux qui y ont répondu, en si grand nombre. Les fonds recueillis, joints à une subvention gracieuse de l'État, ont permis de couler en bronze la statue si fort remarquée à l'un de nos derniers salons; la ville de Lunéville s'est chargée du piédestal, et, le 29 octobre, a eu lieu l'inauguration solennelle du monument, en présence du ministre de la guerre, des autorités militaires et civiles, et d'une foule énorme accourue de tous les points de la région, y compris ceux qui sont encore situés au delà de la frontière.

La fête a été vraiment superbe et tous ceux qui y ont pu assister en garderont un ineffaçable souvenir. Dès le matin, la ville était brillamment pavoisée et les populations se pressaient dans les rues et autour de la gare, pour assister à l'arrivée du ministre. A 7 heures et demie, M. le général Loizillon descendait du train de Paris avec le colonel de cavalerie Trémeau, le sous-chef de son cabinet, et les capitaines Vittu de Kéraoul et Lavisse, ses officiers d'ordonnance ; il était reçu sur le quai par M. Pizot, sous-préfet de Lunéville, M. Ribierre, maire de la ville, M. Nicolas, son adjoint. M. le général L'Hotte, aujourd'hui retiré à Lunéville, avait tenu à se joindre aux autorités locales pour saluer le chef suprême de l'armée, comme lui membre du comité de la statue, jusqu'au moment de son arrivée aux affaires, et qui n'a cessé de s'intéresser à nos délibérations.

Les présentations officielles terminées, le ministre est monté en voiture pour se rendre à la sous-préfecture ; sur son passage, les troupes échelonnées formaient la haie. Le temps de prendre un léger lunch, et le général Loizillon repartait pour faire aux hôpitaux la visite à laquelle tout membre du Gouvernement en déplacement n'aurait garde de manquer. Point n'est besoin d'ajouter que, suivant une autre coutume, non moins ancienne et non moins touchante, des distributions abondantes étaient faites aux malheureux par les soins et aux frais de la municipalité, afin qu'il n'y eût personne qui ne s'associât aux réjouissances publiques dont la ville allait être le théâtre.

Après la visite aux pauvres malades, le ministre de la guerre est revenu à la sous-préfecture, dans les salons de laquelle le cortège devait se former. A onze heures, tous les invités ont pris place dans les landaus qui les attendaient, et l'on s'est dirigé vers le château, sous l'escorte des gendarmes à cheval et d'un escadron de cuirassiers. Dans la belle cour d'honneur qui s'étend devant l'ancien palais du roi Stanislas et qui monte en pente douce vers la superbe promenade des Bosquets, le reste de la garnison était

massé, les cuirassiers à droite, les dragons à gauche, les chasseurs
à pied en retour; au fond, c'est-à-dire au haut de la cour, l'artillerie avec ses pièces attelées, rangée pour ainsi dire en gradins,
complétait ce décor tout militaire, de l'effet le plus saisissant.

Cependant le cortège a mis pied à terre et a pris place sur une
vaste estrade élevée en face de la statue, encore couverte d'un long
voile. Le général Loizillon occupe en avant le fauteuil de la prési-
dence; à sa gauche est M. Mézières, député, membre de l'Acadé-
mie française, et, comme on sait, président du comité de la statue;
à sa droite, M. Ribierre, maire de Lunéville. Tout autour se grou-
pent les autorités politiques et administratives: M. Volland, séna-
teur de Meurthe-et-Moselle; M. Viox, député de Lunéville; M. de
Grandmaison, qui représente la circonscription de Saumur, et
qui, tout récemment encore, officier de la garnison, a tenu à prendre part à cette patriotique cérémonie; M. Stehelin, préfet de
Meurthe-et-Moselle, les conseillers de préfecture et les sous-pré-
fets du département; M. le premier président Sadoul et M. le pro-
cureur général Coste; M. l'ingénieur en chef Bauer; M. Maringer,
maire de Nancy, plusieurs conseillers généraux et maires des en-
virons. L'armée est, cela va sans dire, brillamment représentée :
M. le général Jamont, commandant le 6e corps, et M. le général
Brault, commandant la fameuse « division de Nancy », ont tenu à
assister à la fête; M. le général Travailleur, originaire de Lunéville, est accouru tout exprès de Saint-Malo. MM. les généraux
Vilmette et Jacquemin, du cadre de réserve, n'ont pas non plus man-
qué de venir et prennent place à côté de leur camarade, M. le général L'Hotte, triplement autorisé à occuper une place d'honneur,
comme enfant de Lunéville, ancien président du comité de cavalerie et membre du comité. Celui-ci est encore représenté par
deux de ses membres, MM. Norberg, directeur, et Charles Malo,
rédacteur en chef de la *Revue de cavalerie*, et surtout par son émi-
nent secrétaire, M. Robinet de Cléry, qui a mis au service de
l'œuvre toutes ses forces et toute son activité. Lui aussi figure là
à un autre titre: comme descendant par alliance de Lasalle, dont
la famille est représentée, en outre, par le comte Alexis de Champeaux et ses deux frères Louis et Laurent de Champeaux (l'un
d'eux est actuellement sous-officier dans la cavalerie), M. Alméric

Berthier de Lasalle, et enfin par le baron Charles de Ravinel, le baron Maurice de Ravinel, François de Ravinel, lieutenant au 18ᵉ chasseurs, M. Viansson Ponte. La famille du Coëtlosquet, proche alliée de Lasalle, frappée d'un deuil récent, s'était excusée de ne pouvoir prendre part à la cérémonie. MM. le colonel Feldmann, le capitaine de Jousselin et M. Paul Chaslus représentaient la descendance de la famille d'Aiguillon, à laquelle appartenait Mᵐᵉ de Lasalle. Quant aux généraux de la division, MM. le baron de Cointet, de Ganay et Chauveau de Bourdon, ils sont naturellement à cheval à la tête de leurs troupes, devant l'estrade et face à la statue.

Au signal donné, le voile qui recouvre cette dernière est enlevé, M. le ministre de la guerre se lève et, d'une voix vibrante prononce le discours suivant :

Messieurs,

C'est un noble plaisir pour moi de me retrouver dans cette cité de Lunéville, depuis si longtemps une des métropoles de notre cavalerie, où j'ai accompli une partie de ma carrière, et dans cette Lorraine si féconde en vaillants hommes de guerre, qui a pris une si large place dans nos gloires militaires.

Je tiens aussi à grand honneur d'avoir été appelé à présider l'inauguration de cette statue, hommage tardif, mais que le talent de l'artiste a rendu magnifique, à la mémoire d'un de nos plus illustres généraux de cavalerie, un de ceux qui avec Murat, Bessières, Montbrun, Kellermann furent au premier rang dans les mêlées épiques de l'Empire.

La carrière de Lasalle a été aussi courte que rapide. Sa vie fut une chevauchée héroïque ; on dirait une charge de cavalerie continue parcourant comme une tempête l'ancien monde, en tous les sens, de la Lombardie à l'Égypte, de la Pologne à l'Espagne, le traversant et le retraversant, à mesure que les bataillons terrassés se redressent ou que les armées vaincues se relèvent de leurs défaites.

Chacun de ses grades fut conquis comme d'un élan, chacun fut le prix d'un éclatant fait d'armes, jusqu'au moment où les récompenses furent impuissantes à courir du même pas que les services rendus.

Lasalle avait débuté très jeune : il fut nommé à onze ans sous-lieutenant et, à seize ans, il obtint effectivement les galons de lieutenant ; c'est qu'alors, sous l'ancien régime, son nom s'écrivait « de la Salle » et qu'il jouissait des privilèges de la noblesse. La Révolution survint : il dut rendre ses épaulettes ; mais tout de suite devenu le « citoyen Lasalle », sous ce nom à physionomie plébéienne que la gloire devait consacrer pour des siècles, il rentra dans l'armée comme simple cavalier. Il gravit un à un les échelons de la hiérarchie, et le nouveau régime, qui l'avait d'abord dépouillé, fut amené à lui rendre plus qu'il ne lui avait été pris.

En 1794, on le fait maréchal des logis ; en 1795, on le refait lieutenant ; il est vrai qu'avec une poignée de chasseurs il venait d'enlever une batterie. Bientôt nous le voyons réclamer le grade de capitaine ; il invoque uniquement l'ancienneté ; il avait alors 21 ans et cependant on fut forcé de lui donner raison.

A Vérone, avec 18 cavaliers, il disperse 100 hussards du régiment autrichien Joseph ; sa nomination comme chef d'escadron est signée à Milan par Bonaparte. Il se conduisit de telle façon à Rivoli que Bonaparte a dit plus tard : « La bataille de Rivoli, c'est Masséna, Joubert, Lasalle et moi qui l'avons gagnée », et que le jeune général en chef, voyant le jeune commandant épuisé de fatigue auprès d'un monceau d'étendards conquis, l'interpella en ces termes : « Couche-toi dessus, Lasalle, tu l'as bien mérité ! »

Nommé colonel du 11e hussards, Lasalle livre ses merveilleux combats d'Égypte où les mamelouks, dont Napoléon disait que chacun d'eux valait trois cavaliers d'Europe, furent cependant enfoncés, pourchassés, jetés dans le Nil par des cavaliers d'Europe toujours inférieurs en nombre, mais qui avaient un Lasalle à leur tête.

L'année 1806 le trouve général de brigade. C'est lui qui galope sur le front de la Grande Armée, lui frayant les chemins à travers les défilés du Frankenwald, débouchant comme une tempête dans les plaines de la Saale, préparant les journées d'Iéna et d'Auerstœdt.

Chaque jour pour cette aventureuse cavalerie est un jour de bataille.

Les places fortes même ne tiennent pas devant elle : audacieusement Lasalle somme Spandau de se rendre et force Stettin à capituler ; c'est à la nouvelle de cette étrange conquête que Napoléon écrivait à Murat : « Si vos hussards prennent des places fortes, je n'ai plus qu'à faire fondre ma grosse artillerie et à licencier mon génie. »

Le 30 décembre de la même année, Lasalle était promu général de division ; il avait alors trente et un ans. Au combat d'Heilsberg, le nouveau divisionnaire s'expose comme un lieutenant. Tout à coup, il aperçoit Murat seul, démonté, entouré ; Lasalle se précipite et le dégage. Un instant après c'est lui qui est cerné et que Murat vient sauver. Le grand-duc de Berg l'embrasse et lui dit : « Nous sommes quittes, mon cher général. »

Même entrain dans la guerre d'Espagne ; il est le héros de Rio-Seco, de Burgos, de Medellin.

Pendant la guerre d'Autriche, le soir du 4 juillet 1809, cet homme, trop passionné d'action pour être un superstitieux, est assailli par des pressentiments. Il dit à son aide de camp, songeant à la bataille du lendemain : « Je ne survivrai pas à cette journée. » Et il fit parvenir à l'Empereur son testament, qu'il avait rédigé pendant la guerre d'Espagne. Pourtant quand le lendemain il se trouva en face de Napoléon, sa nature héroïque avait pris le dessus. « Sire, dit-il, en agitant son sabre, je reviendrai vainqueur. »

La journée de Wagram fut dure pour la cavalerie. Lasalle, comme tous ses lieutenants, eut à se prodiguer ; et, le soir, tandis qu'à la tête d'un régiment de cuirassiers il chargeait les Hongrois, un de ceux-ci, s'étant retourné, l'ajusta et lui envoya une balle dans le front. Le grand chirurgien Larrey, appelé en hâte, sonda la plaie de son doigt et ne put que constater la mort.

Lasalle, en seize ans de combats, avait eu souvent des chevaux tués sous lui, son sabre brisé jusqu'à la garde ; toujours il était sorti de la mêlée sans une égratignure. Du premier coup qui l'atteignit, il tomba raide.

Cette vie si bien remplie et si courte d'un héros, qui fut divisionnaire à trente et un ans et mourut à trente-quatre, est pleine d'enseignements utiles.

Ce qui nous apparaît d'abord en Lasalle, c'est l'indomptable, l'infatigable ; il nous apparaît tel qu'il a voulu se faire représenter sur son sceau : au grand galop de son cheval, sabre au clair, le dolman et la chevelure fouettés en arrière par le vent de la course. C'est ce cavalier-là qui ne compte pas les escadrons ennemis, ni même les bataillons, ni les batteries, et qui emporte tout dans un élan furieux. C'est l'homme des charges épiques de Rivoli, de Thèbes, de Prenzlow, de Rio-Seco, d'Essling, de Wagram.

Ce n'est pas seulement un terrible sabreur ; c'est aussi le chef habile, prudent, éveillé et fin que réclame le service d'exploration de la cavalerie.

La campagne qu'il conduisit dans les marais de la rive droite du Danube pendant les jours qui s'écoulèrent de la bataille d'Essling à la bataille de Wagram nous en donne la preuve.

C'est pourquoi, devant le victorieux dont la mémoire reçoit aujourd'hui seulement l'hommage que lui promettait le décret de 1810, devant ce glorieux Français dont les cendres ne sont rentrées que d'hier de leur exil en terre étrangère sur le sol de la patrie, devant ce Messin qui n'a pu trouver place pour sa statue que dans ce coin de la Lorraine, j'éprouve une si profonde émotion.

Je salue en lui l'ancêtre héroïque disparu de ce monde et le soldat exemplaire qui doit rester, à nous surtout les cavaliers, un instituteur et un maître.

De cette apothéose, de ce bronze triomphal où il revit enfin, je vois descendre à notre adresse, non pas seulement des souvenirs et des encouragements, mais des enseignements pratiques pour aujourd'hui et pour toujours.

De longs applaudissements se font entendre, et M. Mézières prend, à son tour, la parole en ces termes :

Monsieur le Ministre, Messieurs,

Au nom du comité qui s'est formé pour élever une statue au général Lasalle, j'ai l'honneur de remettre ce bronze à la municipalité de Lunéville. Il sera bien placé ici, tout près de la frontière, au cœur d'une cité patriotique, sous la garde de ces régiments de cavalerie que Lasalle a tant aimés, qu'il a si souvent conduits à la victoire.

Nous réalisons ainsi une pensée déjà ancienne. C'est au lendemain de sa mort, lorsque l'Europe tout entière retentissait encore du bruit de ses exploits, que le brillant cavalier aurait dû recevoir un hommage national. Napoléon Iᵉʳ l'avait décidé. Un décret du 1ᵉʳ janvier 1810 lui attribuait une statue sur le pont de la Concorde ; mais, pour des raisons qui nous sont mal connues, que l'histoire n'a pas encore éclaircies, le décret ne fut pas exécuté. Nous réparons aujourd'hui ce long oubli. La réparation avait commencé le jour où le gouvernement de la République, justement soucieux des gloires nationales, fit rechercher en Autriche et déposer aux Invalides les restes de Lasalle. Les nobles paroles qui furent alors prononcées par notre président d'honneur, par M. le général Saussier, émurent profondément tous les cœurs français.

Nous n'aurions pu d'ailleurs réussir sans l'appui qu'ont bien voulu nous prêter MM. les ministres de la guerre et de l'instruction publique, sans le généreux concours de la municipalité de Lunéville. Nous sommes heureux de leur adresser publiquement le témoignage de notre reconnaissance. Nous remercions également les nombreux souscripteurs, militaires et civils, qui ont répondu avec tant d'empressement à notre appel.

Permettez-moi, Messieurs, de bien préciser notre intention. Ce que nous honorons avec vous, c'est à coup sûr le souvenir de tant d'actions héroïques, cette vie toute militaire commencée à onze ans, continuée sur tous les champs de bataille, terminée en pleine jeunesse et en pleine gloire, le patriotisme de ce sous-lieutenant de l'armée royale qui demande à entrer comme simple soldat dans les armées de la République, qui y reconquiert son grade, l'épée à la main, et franchit si rapidement tous les degrés de la hiérarchie militaire jusqu'au grade de général de division. Il y a là un des plus beaux épisodes de nos grandes guerres, une persévérance dans la vocation, un courage, un éclat bien faits pour émerveiller les imaginations, pour illustrer à jamais une race et un pays.

Avec Lasalle, la cavalerie française accomplit tous les genres de prodiges. Elle charge les cavaliers ennemis dans la proportion d'un contre cinq ; elle traverse les villes occupées pour en sortir triomphante ; elle décide la victoire par l'impétuosité de ses attaques ; elle force des corps d'armée à mettre bas les armes ; elle fait capituler des places fortes ; partout en avant, au péril, elle prépare et elle achève quelques-unes des journées les plus glorieuses de notre histoire. En Italie, en Égypte, en Prusse, autour de Vienne ni les beaux escadrons de l'armée autrichienne, ni la brillante cavalerie des mamelucks, ni les vieux régiments du grand Frédéric ne résistent aux hussards et aux chasseurs de Lasalle. Sur ce vaste théâtre, dans cette suite de combats où le génie d'un conquérant le lance à l'avant-garde, l'homme de guerre supérieur se développe en même temps que le soldat. L'audace, qui est le trait caractéristique de sa nature, le mépris instinctif du danger se complètent par les qualités réfléchies du tacticien. Il tombe frappé d'une balle au moment où, sur les bords du Danube, il vient, pendant deux mois, d'éclairer la marche de l'armée française par une série de manœuvres aussi habiles que hardies. Soldat incomparable, il allait devenir un des premiers capitaines de son temps, lorsque la mort détruisit tout.

Parmi tant de héros de l'épopée impériale, personne ne fut plus regretté, personne ne méritait plus de l'être. Il résumait dans un type accompli tous les dons de notre race. Sa bravoure était non seulement éclatante, elle était bien française par ce qu'il y mêlait d'esprit, de gaieté, de bonne humeur. On connaît sa réponse au maréchal Wurmser qui lui demandait l'âge de Bonaparte : « L'âge de Scipion quand il vainquit Annibal. » La veille de sa mort, prévoyant la grande bataille du lendemain, il écrivait à un de ses amis : « Demain grand bal sur les bords du Danube. »

Au plus épais de la mêlée, il allait, le sourire aux lèvres, comme à une fête ; enlevant ses soldats d'un mot, d'un geste ; trouvant pour les entraîner, pour les ramener au feu dix fois dans la même journée, les paroles vibrantes qui remuent les cœurs. Par-dessus tout, il les aimait. Chacun eût donné sa vie pour lui, parce que bien souvent il avait exposé la sienne pour le plus humble d'entre eux. Sa correspondance témoigne de sa sollicitude à leur égard ; ayant à leur demander des efforts extraordinaires, il les voulait contents, dispos, bien vêtus et bien nourris. A la fin d'une journée de marche ou de combat, il ne se reposait qu'après avoir assuré leur subsistance.

Sa bonté bien connue le rendait populaire dans toute l'armée. On l'avait vu oublier sa propre fatigue, ses propres souffrances pour s'occuper de celle des autres. Pendant les marches si dures de la Haute-Égypte, sous un ciel de feu, sous les tourbillons d'une poussière aveuglante, il recueillait les fantassins épuisés, il les faisait monter sur un des chevaux de la colonne ; quelquefois même, il mettait pied à terre, pour leur céder le sien. Un jour, on mourait de soif, les outres que portaient les chameaux étaient vides, on se traînait péniblement sur un sable brûlant. Tout à coup un chasseur du 22e régiment découvrit un peu d'eau saumâtre et en remplit une outre qu'il apporta à son colonel. Lasalle la fit partager entre les soldats, sans en garder une goutte pour lui. L'homme qui a donné à une troupe de telles preuves de dévouement peut lui demander ce qu'il voudra, elle le suivra jusqu'au bout, à la victoire ou à la mort.

Ces qualités si françaises, le courage, l'esprit, la bonne humeur, la bonté, où Lasalle les avait-il puisées ? A leur source la plus ancienne et la plus pure, sur la terre gauloise, sur le sol où, malgré le passage des Romains et des invasions, se perpétuent à travers les siècles les traits indélébiles du caractère national, dans la vieille cité de Metz, qui fut le berceau de sa famille et le sien.

Tout ce passé se représentait à nos esprits, lorsque notre comité a choisi Lunéville pour y élever la statue de Lasalle. Un soldat lorrain devait avoir son monument sur la terre lorraine. Nous vous remettons ce dépôt sacré avec une confiance absolue. Habitants de Lunéville, cavaliers de notre jeune armée, vous rivaliserez de patriotisme pour le conserver. Le grand nom de Lasalle vous rappellera une merveilleuse épopée, dix-huit ans de combats et de victoires. Il vous rappellera en même temps des jours plus rapprochés de nous et moins heureux. Ces deux souvenirs restent inséparables. Gardez-les au fond de vos cœurs comme un double motif d'aimer la patrie, toute la patrie, dans sa gloire et dans ses malheurs.

Une salve de bravos accueille cette éloquente péroraison, à laquelle M. le maire de Lunéville fait aussitôt la réponse que voici :

Je remercie les membres du comité du don généreux qu'ils ont fait à notre ville ; je remercie plus spécialement M. le ministre de la guerre, M. Mézières et M. Robinet de Cléry, qui, par leur présence, ont bien voulu rehausser l'éclat de cette cérémonie.

Nulle autre ville ne méritait mieux l'honneur qui lui est fait aujourd'hui que la ville de Lunéville, qui a fourni, pendant la malheureuse guerre de 1870, tant à l'armée régulière qu'aux armées improvisées, plus de 2,500 combattants, presque la totalité de la population valide de notre cité.

Aujourd'hui même, tant par la naissance que par l'union avec les familles les plus honorables de notre ville, elle compte 150 officiers de tous grades et de toutes armes dans l'armée française ; aussi suis-je fier du choix heureux qu'a fait le comité en préférant notre ville frontière, siège de la plus belle division de cavalerie de France, pour y ériger la statue de ce héros lorrain dont deux voix des plus autorisées de notre vaillant pays viennent de rappeler les vertus militaires.

J'adresse de nouveau mes remerciments au comité pour avoir mené cette œuvre à bonne fin et pour la préférence qu'il nous a accordée. Je suis certain qu'en érigeant sur une des places de notre ville la statue de cet intrépide cavalier, de cet enfant de la Lorraine démembrée, au milieu d'une population saine et vigoureuse, que les hommes distingués qui composent ce comité savaient très bien que cette population porte haut dans son cœur l'amour de la patrie et de la République.

On applaudit encore, à bon droit. Puis l'estrade se vide ; le ministre et les autres membres du cortège remontent en voiture.

Cette fois, on les conduit au « Salon des Halles », qui n'a rien de commun avec un marché, en dépit de son nom, et qui constitue, avec les salons attenants, un local pour les fêtes et réceptions publiques, comme peu de villes de province en possèdent. C'est là qu'est servi un banquet de 110 couverts, accompagnement obligé de toutes les cérémonies officielles. D'ordinaire, — soit dit entre nous ! — ce n'en est pas la meilleure partie ; mais il est entendu qu'à Lunéville, on sait faire largement et admirablement les choses. Cette ville, d'ailleurs, a la bonne chance de posséder un artiste en son genre, M. Chibout, dont le talent a pu être apprécié par de nombreuses générations d'officiers, et auquel les invités de la municipalité doivent rendre un juste hommage. Chacun avait trouvé devant soi un « menu » exécuté avec assez d'ingéniosité et de bon goût par M. Royer, de Nancy, pour que nous n'ayons point jugé inutile d'en donner la reproduction. Il était gros de promesses : eh bien, ces promesses ont été tenues, et au delà — ce qui n'est pas peu dire.

Au dessert, M. le Ministre de la guerre a porté le toast que voici :

Messieurs,

Au nom du Gouvernement que je représente ici et au mien, je tiens à honneur de dire à M. le Maire de Lunéville combien mon cœur a été touché de l'excellent accueil que cette cité a fait au ministre de la guerre.

Messieurs,

Je lève mon verre à la santé de M. le Président de la République, dont nous connaissons tous la sollicitude pour l'armée comme pour toutes les institutions qui assurent la grandeur du pays.

A Lunéville ! A la France ! A l'armée !

Enfin, permettez-moi de rappeler un souvenir qui m'est cher : à la 2e division de cavalerie que je suis fier d'avoir commandée pendant deux années !

M. le maire Ribierre a répondu :

Je remercie vivement M. le Ministre de la guerre d'avoir bien voulu assister à l'inauguration de la statue du brave Lasalle. Je l'en remercie doublement, parce qu'avant d'être ministre de la guerre, M. le général Loizillon commandait si dignement cette belle division de cavalerie qui est la plus belle du monde et qui n'a pas périclité depuis.

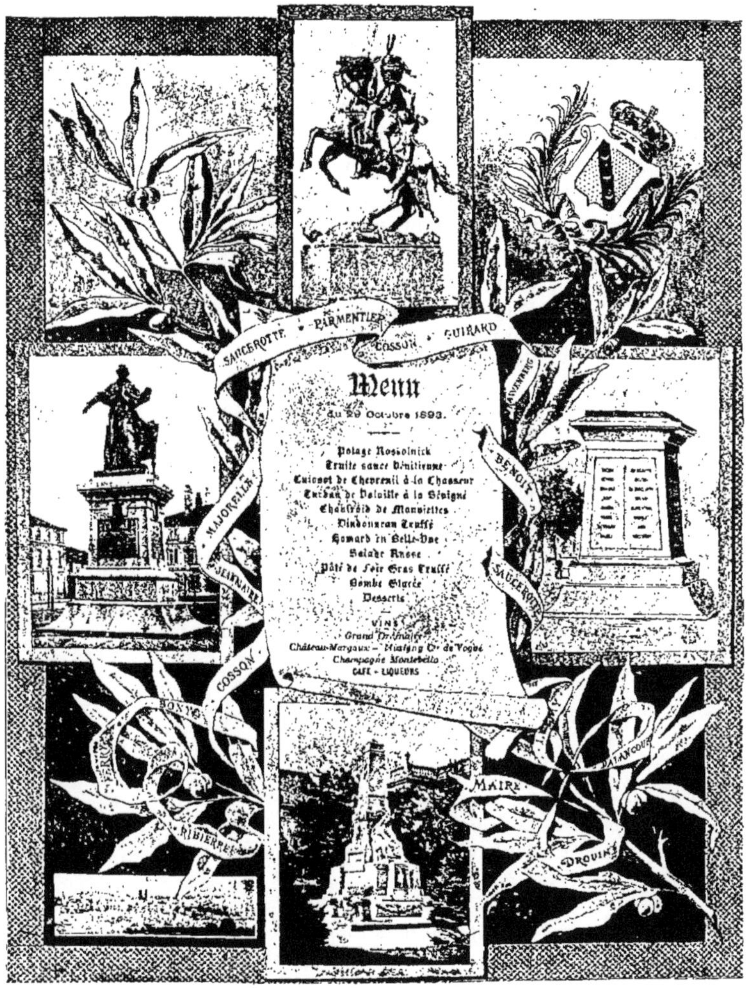

Menu
du 29 Octobre 1893.

Potage Rossolnick
Truite sauce vénitienne
Cuissot de Chevreuil à la Chasseur
Turban de Volaille à la Sévigné
Chaudfroid de Mauviettes
Dindonneau Truffé
Homard en Belle-Vue
Salade Russe
Pâté de Foie Gras Truffé
Bombe Glacée
Desserts

VINS
Grand Dr. Maltz
Château-Margaux — Riesling Ce de Vogué
Champagne Montebello
CAFÉ — LIQUEURS

Messieurs, à M. le général Loizillon, ministre de la guerre ! Buvons
tous à sa santé et à sa longue carrière ministérielle ! (*Vifs applaudissements.*)

Pendant qu'on versait le champagne, une quinzaine de jeunes
gens en habit étaient introduits dans la salle : c'était l'orphéon de
Lunéville qui ménageait une surprise aux invités. Son directeur,
M. Baille, venait les régaler de couplets attribués à Lasalle et
qu'il aurait, dit-on, chantés lui-même à la table du premier
Consul, le soir de Marengo. Voici cette chanson historique dont
l'orphéon, avec un bel entrain, reprenait le refrain en chœur :

> Amis, il faut faire une pause,
> J'aperçois l'ombre d'un bouchon,
> Buvons à l'aimable Fanchon,
> Faisons pour elle quelque chose.
>
> Fanchon, quoique bonne chrétienne,
> Fut baptisée avec du vin,
> Un Allemand fut son parrain,
> Une Bretonne sa marraine.
>
> Elle préfère une grillade
> Au repas le plus délicat ;
> Son teint prend un nouvel éclat
> Quand on lui verse une rasade.
>
> Si quelquefois elle est cruelle,
> C'est quand on lui parle d'amour ;
> Mais moi, je ne lui fais la cour
> Que pour m'enivrer avec elle.
>
> Un jour le voisin La Grenade
> Lui mit la main dans son corset :
> Elle riposta d'un soufflet
> Sur le museau du camarade.
>
> REFRAIN.
>
> Ah ! que son entretien est doux !
> Qu'elle a de mérite et de gloire !
> Elle aime à rire, elle aime à boire,
> Elle aime à chanter comme nous.

Il se peut qu'en lisant cette bluette, les critiques littéraires

aient haussé les épaules et se soient écriés avec le personnage de
Molière :

La rime n'est pas riche et le style en est vieux !

Mais qu'ils nous citent beaucoup de couplets improvisés au soir
d'une victoire, par l'un de ceux qui y ont pris une part éclatante !
Finissons notre récit.

Après le banquet, nouvelle promenade en voiture. Cette fois, on
parcourt les Bosquets, charmants sous leur vêtement d'automne,
et l'on regagne ensuite la partie du château où est installé, fort
confortablement, le cercle des officiers. Ceux-ci font les honneurs
de chez eux au ministre et à sa suite avec une bonne grâce ex-
quise. On visite la bibliothèque aussi riche que bien tenue ; mais
on n'y fait pas une bien longue pause, et l'on passe dans la grande
salle, décorée avec un bon goût parfait, où le champagne va re-
commencer à couler.

Là de nouveaux toasts sont portés : par M. le général de Cointet au ministre de la guerre ; par celui-ci à la 2e division de cavalerie, qu'il est si fier d'avoir eue sous ses ordres ; enfin par
M. Mézières à la mémoire du général Thoumas, dont le nom ne
devait pas être oublié dans cette journée de réjouissances : n'est-ce
pas lui le meilleur biographe de Lasalle et le véritable promoteur
de la statue ? M. le général Loizillon s'est ensuite fait présenter les
officiers des 11e et 12e cuirassiers, 8e et 9e dragons, et 2e bataillon
de chasseurs à pied, avec lesquels il s'est entretenu familièrement
pendant un bon moment. Cette réception au cercle a été des plus
animées et empreinte de la plus franche cordialité.

Cependant l'heure du départ approche ; le ministre et ceux qui
l'accompagnent regagnent la gare, où la foule acclame une dernière fois le représentant du Gouvernement. A 4 heures et demie
le train ministériel s'éloigne et ceux qui sont restés vont voir les
fêtes populaires qui battent en ce moment leur plein. Un beau fes-
tival de musique, auquel prennent part de nombreuses sociétés
lorraines, font passer agréablement la fin de l'après-midi, et le soir
un grand feu d'artifice couronne dignement la journée.

Peu à peu les illuminations s'éteignent ; la cité se vide. Dans
toutes les directions, des trains emportent les innombrables per-

sonnes qui sont venues assister aux fêtes. Il en est que l'œil suit avec tristesse : ce sont ceux qui emmènent les visiteurs venus d'au delà de la frontière, située, hélas! à deux pas! Mais eux du moins rentrent chez eux moins attristés : ils ont assisté à la glorification d'un des plus valeureux parmi ces valeureux hommes de guerre qui ont promené nos aigles victorieuses dans l'Europe entière et sans doute ils se disent tout bas, avec un témoin de la fête, que ce sera un beau *sursum corda* pour nos vaillants escadrons lorsque, partant à leur tour pour la « grande chevauchée », ils défileront au grand trot devant la statue de Lasalle, en tenue de campagne et sabre au clair !

www.ingramcontent.com/pod-product-compliance
Ingram Content Group UK Ltd.
Pitfield, Milton Keynes, MK11 3LW, UK
UKHW020111100726
13658UKWH00005B/2105